굽이진 세월 따라

이백순

북트리

굽이진 세월 따라

이백순

북트리

머리말

 첫 시집 '세월에 등 기대어'를 펴낸 후 10년의 세월이 또 흘렀다. 그동안 또 세계 여러 곳을 떠돌아다니면서 그리고 내 인생에 여러 기복을 겪으며 새로운 경험을 하게 되었다. 그러면서 내 마음에 새롭게 들어온 감성이나 내 안에 쌓이는 생각들이 옹달샘에 물이 솟듯이 고이게 되었다. 시를 쓴다는 것은 이렇게 내면에 쌓인 감성과 자각들을 시심이라는 두레박을 통해 밖으로 끌어내는 일이라고 생각한다. 어떤 때는 감성이 마르거나 일상에 지치다 보면 시심이 말라붙어 한참 동안 건져 올릴 시가 없어 세월이 흐를 때도 있다. 반면에 어떤 때는 한 차례 여행이나 경험을 거치면서 많은 시상들이 계속 솟아나서 단기간 내 여러 시를 건져올리는 경우도 있었다.

 이렇게 해서 습작들이 하나, 둘 생겨나면 그 이후에는 이 습작들이 나 혼자의 감성이나 생각이 아니고 다른 이들에게 전해질 때 작은 공감이라도 불러일으킬

수 있을까 하는 조바심 속에 이 습작들에 보편성을 입히기 위한 고민을 또 더해야 했다. 그리고 이 습작들의 묶음이 시집이 되기 위해서는 나름의 정제성을 가질 뿐 아니라 또 그 표현들이 그래도 우리 말의 아름다움을 조금이라도 드러내도록 벼루는 시간도 가졌다. 그런 과정을 거치고도 이 시들을 세상에 내놓는다는 것이 겸연쩍고 부끄러워 그만둘지 하는 마음도 여러 번 들었지만 지금도 계속 한, 두 편 쌓이는 다른 시들을 돌아보면 먼저 쓴 시들이 세상을 만나게 함으로써 내 손을 떠나보내는 것이 낫겠다는 생각도 들어 시집을 내는 용기를 냈다.

아주 서정적이거나 유려한 시어를 구사하는 수작들은 아니지만 느낀 것을 질박한 표현으로 그 본질에 가깝게 담아냈다는 자평을 해본다. 다음 나올 시집은 시작 공부를 본격적으로 해서 문학적으로 완성도가 높고 인생을 관조하는 사유들을 담아낼 수 있도록 만들기를 스스로 다짐하며 이 시집을 세상으로 보낸다.

이백순

차례

여로에서 건진 상념   9

- 양곤에서 송년 10
- 양곤의 밤 12
- 인력거꾼 14
- 강촌 서정 16
- 응아빨리 해변 18
- 응아빨리 백사장 20
- 수평선 22
- 사마르칸드 가는 길 24
- 무명용사의 묘 26
- 설국 28
- 삿포로 노천탕 30
- 고려인 1 32
- 크레이들 고사목 34
- 크레이들 호수 36
- 밤 강물 38
- 밤의 광풍 40
- 아이슬란드 용암 42
- 제주도 오름 44
- 쿠릴 열도 46
- 유후인 밤 온천 48

산수가 들려준 노래   51

- 동안거 52
- 왜가리 시인 54

동백꽃 56
개나리 58
자작나무 60
봄 시샘 62
용문산 가을 64
가을 산 고요 66
은행나무 단풍 68
봄의 길목 70
솔아 솔아, 금강송아 72
여름 송가 74
꽃밭 76
밤 천둥 78
거미줄 80
국화 쥐손이 82
모기 84
낙엽 86

안에서 들린 소리 88

건조함에 대하여 89
다산초당 1 90
다산초당 2 92
잃어버린 별 94
고독송 1 96
고독송 2 98
흰 고무신 100
가장자리 102
생의 불순물 104
생선 가시 106

안주 108
새털 같은 날 110
바람 속 우리 112
강물 닮은 인생 114
당신을 향한 악수 116

둥지에 얽힌 사연   117

사모곡 1 118
사모곡 2 120
빈소 풍경 122
속앓이 124
사모곡 4 126
사모곡 5 128
병실 일기 130
화살 132
사모곡 6 134
전화번호 136
이별 138
주인 떠난 집 140
특별권력관계 142
엄마 생각 1 144
엄마 생각 2 146
젊은 초상 148
두 아들 150

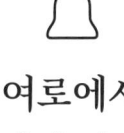

여로에서
건진 상념

⛩ 양곤에서 송년

고요한 아침의 나라보다
더 고요한 나라의
한 해 끝자락이 열리네.

달 보고 하릴없이 짖어대는 개 울음과
어둠을 털어내려는 수탉들의 울음들이
겹으로 어우러진 가운데

양곤은 머리 흔들어
밤안개를 털어내며
잠에서 깨네.

계절을 모르고 피고 지는 꽃들로 인하여
계절의 바뀜은커녕 세월의 흐름도
흐릿해져만 가는 이 땅에서
밋밋한 또 하루가 가고
한 해 마지막 날이 저물면

흐르는 강물처럼

쉼 없이 흘러서
이음매가 없는 시간을
우리는 대나무 마디처럼
굳이 묶으려 하네.

세다곤 파고다에 비친 금빛 석양은
저무는 마지막 빛이길 거부하지만
탑의 금빛은 어둠 속에 스며드네.

우리가 한 해의
대소사들을 뭉뚱그려
기억의 자루에 담아 묶는다면
한 해는 또 갈무리가 된다네.

☖ 양곤의 밤

순하게 가끔 컹컹 짖어대는
길가 개들 울음에
고즈넉한 양곤의 밤
속살이 한-두 점 뜯겨져 나가는 이때

멀리 사위어져 가는
개 짖는 소리 뒤로
젖은 도로 위를 미끄러지는
타이어 바퀴 소리가
길게 파문을 이끌고 지나간다

졸린 듯 매달려 건들거리던
구멍가게 백열등 몇 알도
막 잠들기 시작하면

더운 햇살을 피해
몇 번 뒤집어 눕기를 해대던
좌판 위 잡화 나부랭이를 챙겨서

낡은 자전거에 매단 수레 위에 얹고
하루를 마감하는 곤한 변두리 인생이
돌아갈 곳은 빗물 새는 움막

간간이 비쳐오는 헤드라이트에도
검은 윤곽만 겨우 드러나는 고된 인생
하루 종일 뙤약볕에 시달리고도
빛보다는 어둠 속에 더욱 밀착된 그 윤곽
저벅--저벅 수레를 끌고
어둠 속으로 조용히 빨려 들어간다

한낮에도 늘 그늘 속이 더 편안했던
드러나지 않은 인생
보일 듯 말 듯 한 실존

양곤의 변두리 인생이
죽였던 숨을 푸는 이 밤

🔔 인력거꾼

열대의 일광이 표창처럼
피부에 와 꽂히는 한낮

낡은 자전거의 녹슨 프레임처럼
거칠고 부식된
몸 동아리 하나가
오래된 자전거와
둘이 하나 되어
이글거리는 아스팔트로 나선다

오늘 하루를 버티기 위하여
야윈 허벅지에 힘줄이 서다 못해
뒤틀려 터지도록
페달을 밟아야 한다

론지 사이로 삐져나온
허벅지의 근육은
실려 가는 중년 여인의 처진 뱃살보다
삶 앞에서는 훨씬 정직하다

신고 가는 손님이 몸무게보다
훨씬 무거운 운명의 누름에
두드려도 펴질 것 같지 않은
굽어진 인생의 오후

육수 같은 땀방울이
온 땀구멍을 비집고 나와도
갈 길은 아직 아스라이 머네.
인생은 이 허벅지보다 더 질기네

🔔 강촌 서정

늙은 아비가 어린 아들을
가녀린 쪽배에 태우고
물밭을 일구러 나가는 황혼 녘

온 강에 일렁이는
황금비늘을 가르며
쑥-쑥 노 저어 물길을 만드네

뒷산이 수묵화로
강물 속에 녹아들 때
아들은 배 위 쪽탁자 위에
한 점 촛불을 밝히네

끼익 -끼역 노 물 가르는 소리가
아들의 책 읽는 소리와 엇갈리고
좌악-착 그물이 자맥질하는 소리에
물새 소리는 점차 잦아드네

아비가 걷어 올린 물고기 몇 수에

아들의 몸은 자라날 것이고
녹아드는 양초 길이만큼
아들의 마음도 자라나네

두 부자는 말이 없어도
그물보다 더 질기게 엮여
밤 강물에 그림자로 흔들리네

아비가 쪽배 머리 돌릴 때
아들은 쪽탁자를 베게 삼아
잠이 들었고
달빛도 강물 위에 길게 드러눕네.

부족해도 아름다운 강촌의 인생들
아비와 아들은 밤 강물의 자손이다.

🔔 응아빨리 해변

상앗빛 닮은 흰 모래사장 위에 누워
한없이 무심한 수평선을 바라본다

넋 놓고 보고 있다가 수평선이
하늘 속으로 빨려 들어가는 것을 본다

이제 수평선보다 더 낮아지고 싶다
더 평평해져 단순해지고 싶다.

내 눈 옆으로 수평선이 걸렸으면 좋겠다
청결한 해수 아래로 가라앉고 싶다

저 깊은 물 바닥에서 심층수를 만나고 싶다
깊은 수압에 눌려 모든 번잡함이
삼중수로 환원되는 경지에서
말개진 그 결정을 보고

깊은 침잠 속에 노니다가
불현듯 수면으로 솟구치는 기포처럼

내 영혼이 둥둥 떠올랐으면 좋겠다

그때 그 단순한 수평선 위로
햇살 눈 부신 푸른 하늘을 가르며
흰 물새 한 마리 비상하겠지

⌂ 응아빨리 백사장

따뜻한 온기와 함께 발바닥이
우묵한 곳으로 부드럽게 잠기면

엄마 손잡고 드러누운
엄마 배 위를
즈려 밟던 그 기분이 떠오르고

발목을 때리며 철썩이는 파도 소리는
내 발 간지럼에 터져 나오던
엄마의 옅은 웃음소리 같아

텅 빈 마음으로 빈 해변을 걷노라면
하루 종일 노는 것이 내 일이었던
그 어린 그때로 언뜻 돌아가 있네

졸던 해가 돛대 위에 느긋이 걸리면
햇빛은 수면 위를 은빛 물고기 떼처럼
일렁이며 떠다니고

나의 옛 기억들은 바닷가 미풍에
펄럭이며 과거를 향해
끝없는 백사장 끝으로 날아가네.
'응아 빨리' 그 이름
어쩐지 귀익은
어릴 적 단음절 둘

🔔 수평선

가없는 넓음
끝 모를 평정

땅의 모든 것을 받아들이고도
홀로 있어 더 넓고
홀로 있어 더 청정해

땅은 나누어져 다투더라도
땅의 온갖 배설물과
땅의 온갖 뒤틀림을
다 받아 주고도

뼛속까지 맑은 청정함과
나누어지지 않는 하나됨으로

찾아오는 발길들에게
안식과 평안을 건네는
남해안 한려수도

땅의 온갖 추문으로 나를
욕되게 하지 마라
내 속에서 빠져나가
땅에서 생명을 이어간 것들이
나를 더럽히려 할 때
나는 몸 일으켜 땅을 때릴 수밖에

땅과 바다가 나뉘기 전
그때의 평화를
'땅아 찾아가라'라고
수평선은 속삭이네.

🔔 사마르칸드 가는 길

길은 끝없이 앞으로만 달려 나가고
펼쳐 논 보자기처럼 굴곡이라곤 없는 대지

시선 끝 가엔 땅과 하늘이
샴쌍둥이처럼 배 붙어 있다

땅으로 내려앉는 어둠 속에
점점이 불빛으로 떠오르는 인가들

드문드문 어둠 속에 반짝이니
밤하늘 별빛을 닮았으라

이 땅에서는 이별하기도 힘들겠다
길모퉁이 돌아설 때까지만 손 흔들면
작별하는 누구 땅과 달리

가도 가도 떠나는 사람 뒷모습이 보여
언제까지 손 흔들어야 작별이 될꼬

하기야 여기서 길 떠나면
언제 올지 모르는 길이 되기에
떠나는 이도 보고 또 뒤돌아보며
지평선 위에 점으로 사라져 간다

⛨ 무명용사의 묘

만추를 알리는 궂은 비가
땅을 적시는데

크렘린궁 안
한 귀퉁이 석벽을 등지고

땅에서 불길이 뱀의 혀처럼 날름댄다
떨어지는 빗방울에 저항하며
꺼지지 않고 오르는 불길은
뿜어져 올라오는 영령들의 탄식이다

수백만의 고혼들에게
바쳐진 몇 송이 붉은 장미는

흘린 붉은 피의 강물에서
몇 점 찍어 바른 점묘 같다

바친 장미는
고혼을 달래기보다

다시는 지지 말아야 한다는
살아있는 자들의 각오일진대

꺼지지 않고 날름대는 불꽃은
붉은 장미꽃을 눈으로 먹고
악에 탐닉하는 뱀의 혀처럼
끊임없이 하늘로 날름대며
또 다른 전쟁을 잉태하고 있다

🔔 설국

눈 앞에 펼쳐진 것은
은빛 일색, 온통 눈 세상

아무의 눈길도 못 받고
하늘로 올라간 수증기가
다시 땅으로 내려오면서
이런 규모로 땅을 장악할 줄이야

모두가 그 무게에 눌려
납작이 엎드린 이때
온 땅에 깔린 고요한 평강

흰색 털모자를 귀밑까지 내려쓴
작은 집 두어 채는
창문 두 눈만 빠끔히 내어놓고
조용히 긴 숨을 굴뚝으로 내뱉는다

나무들은 흰 목화솜을
둘둘 말아 덮고

벌을 서듯 꼼짝도 않는다

하늘로 올라간 모든 사연들이
눈송이 되어 되내려온 이때는
모든 상념을 끊어야 하는 시간

이 땅의 모든 것들은 지난날들을
반추하며 침묵, 침묵을 뒤집어쓴다

🔔 삿포로 노천탕

가로등 불빛이 멀리서
주황빛 원을 어두운 공간에
몇 개 걸어 놓은 곳에

눈싸라기들이 날벌레처럼
어지러이 분분거리고

그 몇 개의 원들이
밀어낸 곳을 제외하곤
공간을 가득 메운 어둠

뜨거운 유황 입자가 세포 속을
파고들어서인지
몸은 엿가락처럼 풀어지기만 한다

코끝을 치는 엄한 찬 공기에
차가운 현실이 또 머릿속을 스치기도 하다가도

피어오르는 수증기 속에

의식은 다시 가물거리고

좋은 것들과 해야 할 것들에 대한
생각도 수면 위, 아래를 들락거리고

다시 스쳐 가는 바람에
물 위에 하나로 떠있던
충일한 주황색 원들이
흩어져 일렁이면
내 생각도 뜨거운 물에
풀리며 흔들리네

고려인 1

풀 한 포기도 뽑힐 때
온 힘으로 버티며
실뿌리로 땅을 움켜쥐는데

작은 나무 하나 옮겨 심어도
이전 땅 흙냄새 못 잊어
계절을 넘겨 가며 앓는데

사람이 살던 땅에서 뽑힐 때
그것도 정든 산천 버려두고
타향을 고향 삼아 뿌리 내린
그곳에서 마저 뽑혀서

아닌 밤중에 다 뜯겨 나와
마구간 같은 짐칸에 실려
끝 모를 땅끝으로 실려 갔다니

어찌 그 생명들이 온전하길 바랬으리랴마는
아, 엉겅퀴 같은 질긴 생명력으로

동토를 맨손으로 일구어
텃밭을 만들고 불씨 지폈네

첫 가을걷이 끝낸 후
철새가 날아가도 못 닿는
그 고향 땅을 그리며
망향의 아리랑을 불렀네
우리는 한 많은 코레이스키

🔔 크레이들 고사목

겁나도록 왕성한
8월의 녹음이
온 땅을 뒤덮는 숲속에

마른 생선 뼈처럼
앙상한 가지만 드러낸
고목의 나신이
온몸으로 전하는
격한 대비감

격렬한 경쟁의 숲속에서
거목들의 그늘 아래 갇혀
빛을 그리워하다
천천히 말라가는 그 신음은
새들의 지저귐 속에 들리지 않았지

그러나 그 거목들도 쓰러져
그 몸이 이끼에 뒤덮이고
흙으로 분해되어 갈 때도

마른 고목은 오히려
꼿꼿이 서서 그 숲의
흙들을 아직 그 뿌리로
움켜쥐고 있었네

서서 맞는 죽음으로
빛나는 위엄
죽어서도
발밑에 생명을 품는 자태

짙은 녹음 속
흰 고사목은
숲속의 선비였네

⌂ 크레이들 호수

참 잔잔한 호수라서
그냥 한 없이 맑고 투명할 줄 알았는데

호수는 그 맑은 속 비워
우리에게 많은 것을 내어준다

옛적 우리 어머님들처럼
몸빼 속 어디 숨겨진 속주머니에서

남들이 부러워 내 눈물 고일 때
한 장 구겨진 지폐 꺼내 꼭 쥐여주던

그 어머니 마음처럼
깊은 속에서 뭔가를 내어준다

우리가 정말 절실할 때
그때 호수는 뭔가를 내어준다.
우리 허기를 채울 뿐 아니라
우리 외로움도 달래준다.

호수는 그래서 엄마 같다
잔잔하지만 속 깊은 그 마음

⌂ 밤 강물

작은 물들이 모여들어
큰 물길이 되어가는 동안
물은 탁한 것도 삼키고
급여울도 내달리면서

점점 융숭해져 간다
목소리는 더욱 깊어지고
자세는 더욱 낮아진다

마을 어귀를 휘감아 가는 동안
동네 할멈들의 이바구도 싣고
달빛도 한껏 머금어
물색은 더욱 깊어지고
강 물결은 더욱 반짝인다

이윽고 갯내음이 풍겨 올 즈음엔
그 먼 물길에 등짐 져왔던
이물질들을 모래톱에 다 토해내고

홀로 달빛만 등위에 싣고
잠잠히 하나 되어
더 큰 물에서 안식을 얻으려
바닷속으로 스며든다.

바다에서 시작한 강은
바다에서 끝을 맺는다.

⌂ 밤의 광풍

바람은 밤새
나무를 붙들어 흔들며
자기를 따라 이 땅을 떠나자 하네

나무는 온몸이 바람에
부대껴 흔들리면서도
이 땅을 떠날 수도 없다고
버티고 있네

긴 밤을 지새우며
바람과 나무 간의
실랑이가 계속되는 동안

하늘에 박힌 맑은 별들은
땅 위의 힘겨운 다툼을
말간 눈으로 내려다만 보네

온 힘을 다한 힘겨루기에
땅 위의 모든 미물들은

엎드려 숨을 죽이고

그저 동트는 새벽에
평정이 다시 찾아오기만을
간절히 빌다 보면

아침은 멀쩡히
아무 일 없는 듯
얼굴을 내미네

간밤의 그 난리가 없었던 것처럼
이 땅은 다시 무표정해지네

⌂ 아이슬란드 용암

얼어붙은 삭막한 대지
억만 겹으로 눌어붙은 빙하
이 땅의 거친 피부 아래
암석과 암석이 지층을 이룬 그곳에
아연 꿈틀거리는 원초적 생명력

암석, 얼음 그리고 극랭의 공기
어떤 생명도 허용하지 않은 이 동토에
역설적으로 가장 이글거리는 원물질
모든 별의 본질, 마그마가 있다니

차디찬 외피 아래 그리도
뜨거운 마음을 품었더냐
아이슬란드야,
돌아가신 아버님 같은 땅아

아직도 이 시뻘건 정염을 주체 못 하고
이 분화구는 입을 벌리고 있는데

누가 이 별을 늙고 식었다고 하느냐
노년기 지형이 어디 있느냐
아직도 펄펄 끓어 넘치는 지구다.
아니라면 아이슬란드에게 물어보라

제주도 오름

죽음과 무생물과 정적의
껍질을 과감히 부수고

이 땅 위에 서 있는 것들이
마음에 들지 않아

불로 화산재로 이 땅을 덮어
새로운 땅을 만들겠다고

퀭한 두 눈을 시뻘겋게 부릅뜨고
입으로 연신 주술 외우듯

라바를 침 튀기며 연신 토해내고
온몸을 부르르 떨던 분화구여

그 많던 열정과 격분이
터지고 쌓여서
지각을 뚫고 솟은 후
이제 소처럼 조용히 누운 오름이여

그 오름의 못자리들을
고이 끌어안고
물 위에 떠있는 제주도여
격정을 못 이긴 모든 것들을
품어 안는 착한 섬이여
그래서 평화를 비는 섬이여

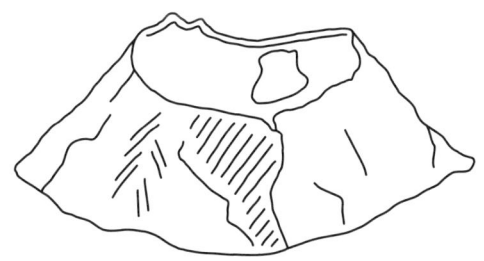

⛰ 쿠릴 열도

그 차디찬 베링해
열 몇 개 섬들이 줄줄이
어깨 짚고 남쪽으로 달린다

물 위로는 정수리만 삐죽 내밀지만
발밑으로는 수천 길 뿌리를 내리고
그 깊은 심연을 뛰뛰어 간다

푸른 이 행성의 속마음이
뭔 까닭으로 뒤틀어져
밖으로 분출하며
망망대해에 흩뿌린 분노들

원래 모든 땅이 물밑에서 하나였기에
또 하나로 되고 싶은
그 갈망을 숨기지 못한
숨은 땅의 열정의 느낌표인가?

늘어선 열도는 답이 없이

북에서 남으로 달리네
점, 점, 점 섬을 점으로 남기며

⛺ 유후인 밤 온천

찬 서리 야외 독탕에
칠흑 같은 어둠 힘겹게 밀어내는
작은 백열등 하나

뿌연 수증기 속
밤하늘과 키 큰 숲은
흑암 속에 한 몸이더니
서서히 서로를 밀어낸다
숲의 가장자리가 드러나고
새벽하늘 농담이 구별되면서

잎사귀가 어렴풋해지고
흐르는 구름은
진회색 하늘과 분리되는데

세상은 아직 잠들어 있지만
키 큰 나무는 산발을 하고
머리를 흔들며
진리는 어림도 없다 한다.

흑백은 분리되지 않고
본래 하나였다고 한다

❀
산수가
들려준
노래

❀ 동안거

바깥 문을 걸어 잠그고
내 마음속으로 가라앉으면
언젠가 눈에서 비늘이 떨어지기를
애타게 바라지만

눈은 거푸 내리는데
온갖 상념이 머리통을
목탁처럼 두드린다

하나의 화두 부여잡고
한 겨울 내내 몸부림치지만
시립 문 열리는 날
무슨 깨달음 허공에 걸어 놓을까?

시간은 법고 두드림처럼
세차게 달려 나가고
세계는 꽃처럼 하나라는데
꽃은 세계가 아닌 듯하고

홍어새가 겨우살이 씨를
배변으로 내뱉고
휙 가지를 박차고 나르는데

송홧가루 날리듯
깨달음은 아직 묘연하다.

❀ 왜가리 시인

흐르는 물가 돌 위에 한 발 딛고
뚫어져라 한 곳을 응시하는
이 흰 새는

한나절을 인내하다
투명한 물고기
한 마리를 입에 물었다

몸체가 명징하여
뼈마디가 드러나 보이는
작은 몸집을 통째 삼킨다

흐르는 세력, 그 현실에 발 딛고
두 눈 부릅뜨고 바라보던
외눈박이 시인은

한 시절을 견뎌내다가
펄떡 뛰는 심장이
뱉은 한 단어를 집었다

뜨거운 피가 밴 그 단어들을
줄줄이 엮어서
오늘을 그려낸다
시를 쓴다.
한 마리 왜가리처럼.

❀ 동백꽃

못다 한 사연들이
안으로 피멍 들어
세월을 삭이며
짙어지다가

남도 봄바람에
겉적삼 풀어버리고
붉디붉게 디밀어 낸
섬 처녀 속 응어리

주먹만 한 꽃망울로도
깊은 사연 다 못 토해
노오란 꽃술 펼쳐내어
또 전하는 하소연

그 사연 가만히 다 들어주니
그 큰 꽃송이가 뚝 하고 떨어지네

낙화암 삼천 궁녀보다

더 애절하게 몸을 던져
안타깝게 봄을 마감하네.

둥글고 굵어서 더 가련한 꽃이여.

동백꽃 떨어지고 나면
봄은 절로 적막하다.

동백, 다음 봄엔
꽃비로 흩날리면서
지나가는 이들에게
그 사연 모두 전해줄 수 있도록
벚꽃처럼 돌아오려무나

❀ 개나리

삭풍이 아직 코끝을 베고 지나가는
그런 날에 누구보다 먼저
추위를 뚫고 눈망울을 틔운다.

흙먼지가 윙윙 울어대는
잿빛 옹벽도 타고 내리며
봄의 전령사로
노란색 깃발을
끝내 내건다.

이름이 좀 싸다 해도
이름보다 훨씬 잘난 꽃
개나리는
이 땅의 민중을 닮았다.

깊은 바닷속으로
생명이 온통 삼키워 버린
팽목항 방파제의
철책에 샛노랗게 핀

노란 리본들은

어깨 시린 절망의 바다에서
간신히 소망을 매달아
눈망울을 틔워낸
애끓는 심정의
개나리다.

모진 겨울이 올지라도
희망의 샛노란 물결이
결국 이 땅을 덮을 것이라는
옹골찬 외침이다.

그 해맑은 미소들이
노란 꽃망울로 돌아와
이 땅을 다시 웃으며
거니길 바라며

❃ 자작나무

새들 떠나고 난 뒤
자작나무만 우묵하게 남은
숲은 홀로 더욱 고결하게 빛난다
벗어서 더 아름답고
추울 때 더 빛이 나고
곧아서 더 섬기고픈

흰 몸통 자작나무들은
임도를 따라 줄지어 서 있는
묵언의 수행자다

모든 것을 내려놓은 자만이
가질 수 있는 순백의 정결함으로
자작나무는 수녀들의 종신서원을 읊조린다.

비현실적인 순결함으로 인해
숲이 융성할 때는 어울리지 못하다가
숲이 지극히 가난해질 때
홀로 눈부시게

그 자태 드러낸다.
외로워서 더 돋보이는 나무

❁ 봄 시샘

동지천 건너 북으로 가는 새 울음
희푸른 연무 속에 얼어붙어 버리고

약하게 뛰기 시작하던 심장들
일제히 박동 수를 줄여서
한겨울을 버텨낸다

얼음장 솜이불처럼 두껍게 얼었어도
그 밑에 흐르는 작은 물소리에

복수꽃은 눈 덮어쓰고도
노란 손을 내밀 것이며

아지랑이 천 리 밖에서 잰걸음으로
올라 올 것을 기다리는데

언제 이런 심술 있을 줄 알았나
꽃 피고 새 울다 진눈깨비 흩날리니
계절이 벌떡 물구나무 서버린다

그래도 조용히 귀 기울이자
언제 시샘 없이 피는 것이 있었더냐
봄의 숨결 곧 들려올 것이니

❀ 용문산 가을

울 엄마 손뜨개로 만든
어릴 적 감색 털실 스웨터 같은
가을 산의 가슴팍을 헤치고 들어가니

명주 한, 두 필 베어 내어 걸어둔 듯한
작은 폭포들이
공룡 비늘처럼 널브러진
큰 바위 사이를 감아 돌아
물보라로 떨어지고

그 발밑엔 녹옥보다 더 투명한
담소들이 옥쟁반처럼
층층이 펼쳐지네

그 위로 폭죽 터뜨린 단풍나무의
붉은 불꽃들이 어리어 흔들리면
숲속은 버건디색 포도주의 향이 번지듯
불그스레한 취기에 침윤 되어가네

그 속을 한 사내가
계절의 향과 색깔에 취해
마법에 이끌린 듯 걸음을 옮기면서
만연한 단풍색에 물들어 가다
마침내 가을 산속으로 녹아 사라진다

❀ 가을 산 고요

오랜 시간 소리를 안으로만
쓸어 담아 온 탓으로
고요하게 침잠한 가을 산

겨울 산 눈보라와 삭풍의 금속음
봄 산의 개울물과 새 지저귀는 소리
여름 산의 장대비와 나무 키 크는 소리

이 모든 소리들을 다 받아들이고
삭이느라 울긋불긋해진 얼굴로
가을 산은 오늘도 조용히
입 닫고 견딘다

도토리 영글고 잣 향내 퍼질 때까지
사시사철 아우성들을 다 버무려서
이 성숙한 고요를 빚어낸 후

끝 모르게 깊어가는 가을
푸른 창공 아래

고요를 갈무리해 두고 있다.

이제 숲길에 내려앉는 가을 햇살만큼
가을 산이 고즈넉하게 쉴 때

숲길 낙엽을 밟으며 가니
내 인생의 지나간 소리도
문득 되돌아와서

낙엽처럼 조용히
공중제비 돌며
내 발밑에 떨어진다

❀ 은행나무 단풍

한 해의 가장 완벽한 색
금화보다 눈부신 황금색
주변의 시선을 온통 빼앗는 단풍

그렇게 늦가을 은행나무는
단풍 든 잎들을 갑옷처럼 번쩍이며
위엄있는 계절의 파수꾼으로 선다

주변의 나무들이 낙엽을 날리며
벗은 몸으로 되어가더라도

은행나무는 한해의 기억들을
하나도 놓치지 않으려는 듯
잎 많이 흘리지 않고 늠름히 서 있다

자식들 기억 하나도 놓치지 않으려고
온갖 추억의 단편들을 보듬고 살아
구부정하게 된 우리 부모 등처럼
굴곡진 은행나무 등걸

그 잎 하나 더 떨어뜨리지 말고
꼭 껴안고 이 겨울 견디라고
가서 폭 안아주고픈

만추의 파수꾼
동네 어귀 은행나무

❁ 봄의 길목

봄이 어디메쯤 왔나
맞으러 나갔더니

가녀린 잿빛 가지 끝에
울먹 울먹거리며
봄이 눈을 내밀기 시작했네

울음 방울이 눈망울이 되고
눈망울이 꽃망울이 되면

겨우내 입 꼭 다물고
벗은 몸으로 추위를 견뎌내던
그 옹골진 다짐이

이제 풀어져 가지 끝으로 모이네

오늘 유난히 목힘 오른 파랑새가
봄바람에 가락을 맞추니

꽃눈이 꽃망울로
마침내 꽃으로 흐드러질 때

그간 참았던 설움이
땅 위에 노래되어 넘실거리리

노란, 연분홍 울음이 꽃바다 되리

🍀 솔아 솔아, 금강송아

그다지 우람하지도 않고
그렇게 풍성하지도 않지만

미끈한 허리통으로 빼어 올라
청솔 몇 뭉치로 머리치장을 한
몇 그루의 금강송들은

북한산 성문 옆에 서 있어도
유리 벽 고층 건물 앞을 지키고 있어도

엄전한 기품이 감돌기도 하고
미끈한 도시미도 풍기면서

이 땅 어디에서도 수주작처 하네

수천 년을 이 땅 사람들과 어울려
이제 이 땅, 사람들과 하나 된 나무

눈 덮인 바위산 옆에서

그 푸르름 더욱 싱그러우니
이제야 이름값을 하는구나
금강처럼 아름다운 나무야

❦ 여름 송가

그 짙푸르던 앞산 여름 숲의
얼굴에 핏기가 마르나 싶더니

풀벌레 울음소리 넘실대던
오솔길 옆 풀밭 속에
어느덧 귀뚜라미 우는 소리
스미어드네

가는 여름 끝자락을 붙잡고
매미의 합창은 더욱 가열차서
온 산이 매미의 울음 속에 떠있네

계절이 여울지는 길목을 따라
앞산이 매미 울음 속에
여름이 서서히 떠내려가네

죽도록 울어 앞산을 떠내려 보낸
그 힘찬 매미들의 날갯짓도
이제 마른 바람에 힘을 잃더니

길손의 발 앞에 툭 통째로 떨어지는
매미 몸뚱어리

하루 목청값으로 수백일을 저당 잡힌
천하의 명가객이
허접히 떠나는 날에
여름도, 세월도 따라서 가네

❀ 꽃밭

더 어여쁜 꽃도 있고
더 고운 색 꽃도 있지만
꽃은 각기 아름다우니

만 가지 다른 꽃이
번갈아 피어도
한 꽃도 꽃밭을 독차지 않고
한 꽃도 때를 다투지 않는다

생김새, 빛깔, 냄새 다 달라도
만 가지가 다 어우러져
차례로 피어서
더 눈부신 꽃밭.

꽃밭도 이럴진대

꽃보다 더 귀한
사람들은 다 어우러져
이 세상에서

아름답게
피어나야 하리.
각자 자기의 이름으로
아름다운 세상 만들려고

❈ 밤 천둥

부싯돌 부딪히듯
번쩍―번득, 번개가
밤하늘을 죽-죽 가르더니

검은 구름장 윗 등이
섬뜩, 섬뜩 번득이고

번갯불 여기저기 번쩍이니
거대한 구름 뭉치 이곳저곳
몸을 급하게 휘달린다

이제 하늘을 헤집는
이 몸부림으로 인해
땅 아래 것들이
마른 목을 축이거나 혹은
뿌리째 떠내려간다 해도

먹장구름 위로 영롱하게 빛나는
뭇별들에는

그것은 전혀 알 바 없는
여전히 오늘도
아름다운 밤하늘일 뿐.

아 처연하게 다른
구름 위와 아래 세상.
비바람은 왜 아래로 몰아치는가.
이 세상 안 그래도 힘겨운데

🌼 거미줄

여리고 예민한
제 가슴을 쥐어짜서
얇디얇은 선을 펼치고
공간을 구획하니
아연, 빈 공간에 펼쳐진
12각형 전파 안테나

이슬방울만 맺히는
이른 아침만 해도
푸른 나뭇가지 사이에
걸린 한 장의 추상화였는데

늦은 오후 석양이 비취고
덫에 걸린 파리의 발버둥이
허공을 흔들 때는
치열한 생사의 전쟁터가 되었네

밤바람에 흔들리는
먹다 만 파리 몸 동아리는

삶과 죽음의 진실과
허무를 동시에 말해주고 있는데

거미줄은 그냥 무심히
바람에 흔들리고 있네.
생과 사는 언제나 단짝이라는 듯이

❀ 국화 쥐손이

나의 다섯 장 분홍
꽃잎이 수줍게 아름다울 뿐이라고
날 과소평가하지 마라

그 수줍음 뒤안길에
생존을 위한 비장의 무기를
심상찮게 은닉하고 있으니

나를 붙박이 식물이라 얕보지 마라
나의 씨를 멀리 보내기 위해
투석기를 내 몸에 장착하였으니

때가 되면 씨를 허공에 쏘고
비가 오면 떨어진 씨를 일으켜
땅속으로 파고들게 한다

씨방 꼬리 긴 끝이
바람 따라 몸을 비틀면서
흙 깊숙이 파고든다

J-DAM 폭탄처럼
직각으로 땅을 파고드는
번식을 향한 질긴 야욕

번식과 생존을 위해서는
나는 식물이 아니라 동물로 불리워도 좋다.
나를 약한 식물이라 부르지 마라.

❁ 모기

칠흑 같은 밤의 정적을
거울을 깨듯 쨍그랑
사정없이 두 동강
내어버리는
날갯짓 단속음

그 깊은 잠의 심연에
침투해 단방에
내 몸을 벌떡 일으켜 세우는
그 예리한 침 한 방

천만분의 일도 안 되는 중량으로
다윗도 아니고 돈키호테도 아닌데
이리 무모하게 덤비는 너는 뭐냐

그냥 배고파서
조용히 피 가져간다면
한 컵이라도 머리맡에 두고
평화를 빌며 잠들겠는데

무모한 도발로 인해
죽고 죽이는
한밤의 결투로 불러내네

그 날갯소리와
그 침의 가려움은
인내를 바닥내고

피 때문이 아니라
밤의 평화를 깬 죄명으로
너를 응징하리라

말도 안 되는 대결을 벌였으니
내생에서는 가렵지 않게
찌르는 법을 배우고 와라
그래야 오래 산다
모기야, 설익은 녀석들아

❀ 낙엽

한 생을 높은 곳에 매달려 잘 보냈지
이제는 온 곳으로 돌아가야 할 시간

눈에 선한
먼저 간 친구들
바람이 불 때마다
그려보지만

이제는 남은 자도 떠나야 할 시간
옅어진 늦은 가을 햇살이라도
흠뻑 마저 받고
이미 녹엽소 다 떨어진
잎이지만 숨구멍 크게 열고
광합성을 마저 하면서

그래서 우리를 내어준 이 나무에게
마지막 영양소라도 모아주고 가자

가을 찬 바람에 분분히 떨어지지 말고

기다려 큰바람에 단번에 나무를 떠나자

벚꽃은 떨어져 흩날려 없어지지만
우리는 떨어져 나무의 발뿌리를
포근히 덮어주자

그래야 오는 새봄에
새싹들이 함성처럼
솟아오를 수 있을 테니

떨어진 나뭇잎들 보면
구멍도 있고 벌레 먹은 곳도 있고
온전히 성한 잎 별로 없지만

한평생 잎의 광합성 활동으로
밤과 대추가 탐스럽게
가지 끝에 달렸잖니

이제는 불어오는 바람에
조용히 몸을 맡길 때
같이 허공을 비행할 때

안에서 들린 소리

㉑ 건조함에 대하여

가을 햇살은 바람에 잘 말려져
공기에 습기가 빠지고
더 가벼워지고 차가워진다

산다는 건 수분이 점차 빠지는 것
사느라고 흘린 땀들로 얼굴은
수분이 빠져 구겨진 종이 같다

세상 풍파 다 넘다 보니
그 젖은 욕망들 떠내려 보내고
생각들마저 건조해지니

이제 건사하기 힘들었던
이 존재의 무게도 가벼워져서
하늘로 올라가기 좋아지겠네.

가을에 건조해진 낙엽들이
바람에 잘 날리는 것처럼
쫙 말려 건조한 인생이 되어
하늘로 오르리

🌿 다산초당 1

순천면 강진리
남도 육백 리 길
그 멀고 험한 길
발 부르트며 내려왔네

땅끝에 서고 나서야
이 세상에 해야 할 말들의
봇물이 터진 이곳

별빛이 바다를 하얗게 적시도록
백성들과 더불어 사는 길을
흑묵과 한지가 다 닳도록
피 토하듯 쏟아부었건만

후세는 나를 액자에 걸어만 놓고
그냥 이렇게 주억대며 살겠다고
혈점 같은 내 글들을 새겨 보지도 않네

세월이 흘러도 세상은 그대로여서

내 글들은 여전히 날 서 있지만
후세들의 마음을 가로지르지 못하고
그냥 서책에 필묵으로 남아있네

🌿 다산초당 2

다산초당 올라오며 보지 않았던가
그 무수하게 뒤엉킨 잡목의 뿌리들

힘줄처럼 뒤엉켜 드러난 뿌리들은
백성을 향한 다산의 연민이
세상에 부딪혀 뒤틀리면서
울음이 된 마디 마디인 것을

세상에 쉬운 일이 그 어디 있었을까
애써 살아도 남길 말이 없거나
있어도 널리 읽히지 않는데

오래 살고도 뼛속 남길 말 없는 이
다산을 우르러며 생각하네
당신은 어찌 세상을 그리 사셨냐구

그래서 이 아래 울둘목이 바라보이는 곳에
차향 속에 글을 쓰다 흙 속으로 들어가셨냐고

동백숲과 대나무숲 우거진
초당길을 오르며
묻고 또 묻는다
당신이 못 이룬 세상
언제나 이루어질지

어제보다 더 어두운
오늘에 선생의 애절이
북극성이 된다.

🌱 잃어버린 별

검은 비로도 드레스 위에
박힌 눈부신 반짝이 조각처럼
밤하늘을 수놓던 그 많은 별들

쏟아질 듯 밤하늘 총-총
밝히며 흐르던 별의 강들이
다 말라버리고 난 지금

가로등 불빛 늘어만 갈수록
파리하게 떨던 몇몇 별들도 보이지 않고
꿈도 상상도 별빛처럼
사위어 간다.

별 하나에 사랑과
별 하나에 소원을
걸던 그 마음도 사라진 후

별이 없어 더 어두운 이 밤에
매연으로 시리고

일상에 메마른 눈으로
우리는 별을 찾아 헤맨다

온갖 발광체들이 난무하여
밤하늘은 더욱 희미해지고
별들은 더욱 작아져 간다

이 밤, 십자성처럼 길잡이를 해줄
밝은 별 하나를
눈이 아프도록 찾아본다.

🌱 고독송 1

아틀라스산맥 꼭대기 설산 위에
내려앉은 아프리카 정오의 햇살
설산을 스키 타듯 미끄러져 내려와
마라케쉬 광장 사람 틈을 비집고
파란 물감 고운 지중해
백사장에 이른다.

여기서 까뮈의 이방인 한 남자는
정오의 적막한 햇살 속에
무료함을 못 견뎌 하며
방아쇠를 당겼다.

온 바다를 채우고 넘어온
무료한 적막감은
외로운 청산도 갯펄에
와서 내걸렸다.

먹먹한 수평선
그 위를 나르는 물새 울음에

괜스레 눈물이 자맥질을 한다.

외로움에 목이 메어
수평선 바라보며
옛일을 두레박질해 보면
젊은 날들은 물새처럼
날아가 버리고
고독은 벗처럼 곁에 남았다

고독송 2

물미역처럼 싱싱했던
친구들 얼굴이 해풍에 절어
문풍지 사이에 떨리며
걸려있는 그날
오후도 가고

도시 아파트 숲속에
길을 잃은 물새처럼
작은 공간에 갇혔던 사내

길쭉해져가는 겨울 햇살이
병실 창문을 기웃거릴 때
가습기의 분무처럼
엷어져 버린 목숨을 이어가려
부질없이 고독과 싸우고 있다.

산다는 게 고독과
맞서는 일이라는 것을
뒤늦게 깨닫게 되면서

고독과 화해하고
고독을 끼고 살아왔는데.

이제 고독과의 마지막 싸움을
홀로 다시 벌이고 있네
고독과 영영 이별하려고

🌱 흰 고무신

마루 밑에서 기어 나온 강아지
디딤돌에서 흰 고무신 한 짝 물고 간다

자기보다 문수가 큰 고무신을
잉잉거리며 물고서는
목 도리질을 쳐댄다

엷은 햇빛 속
이를 본
흰 광목옷과 검은 무명옷들의
박장대소가 터져 나온다

이제 겨우 화약 냄새 가라앉고
눈가의 눈물이 마르나 보다

강아지 흰 고무신 물고 흔들듯이
우리가 가난을 물고 흔들면
가난이 놀라서 줄행랑 놓을까?

웃을 것 없던 그 시절에
흰 고무신 문 강아지 보고도
터지는 참 순진한 웃음 속에서
엷은 희망을 건져 올렸다

그 짓밟히지 않은
흰 무명과 검은 광목들의
모진 희망이
그날을 오늘로 바꾸었다

그리고 그들은 액자 속에 갇혔다

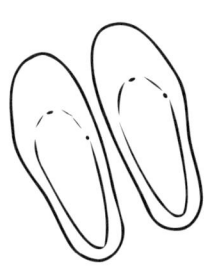

가장자리

옹달샘에 물 솟을 때
가운데에서 솟아오른 물이
한 바퀴 샘을 맴돌다가

가장자리로 밀려 나가
마침내 테두리를 타고 흘러
길가는 새들의 목을 적신다

가지에 새잎이 솟을 때
먼저 나온 잎들을 비집으면
옛 잎들은 가만히 자리를 내어주다가

가장자리로 밀려서 누렇게 말라가
이윽고 가지 끝에서 떨어져
땅벌레들의 집 그늘이 된다

애비로서 가정을 일으킬 때는
원두막 기둥처럼 한가운데 떡 버티는 듯 해도
자식들 치받아 자라오면

가만가만 끝자리도 내어주다가

나이 들어 안방 가운데 자리 내어주고
말없이 아랫목으로 앉는 걸 보면

가장의 자리는 결국 가장자리인가 보다

생의 불순물

우글쭈글한 도시락 뚜껑 밑에
꽁보리밥과 고춧가루 덜 배인
깍두기 몇 조각,
점심시간마다 와락
몰려드는 부끄러움

만화방 주인의 눈길을 피해 가며
벽에 꽂힌 만화책 재빨리 바꿔 보고
태연히 앉아 계속 읽던 도둑놈 심보,

나른한 오후 시간에
스믈거리며 몰려오던 욕정
느끼한 눈길로 훔쳐보던 여체

불그스름하고 냄새나는 책 표지 밑에
본능을 꿈틀거리게 하는 글발에
얼굴을 붉히며 꼬이던 아랫도리,
밤이면 찾아오던 비릿한 정욕

이런 것들이 모두 생의 불순물이라고
이런 일들이 없었어야 한다고
또 그런 일들 없었던 것처럼
잊고 살다가

문득 이런 생의 불순물들이
기억의 바닥 속에서 솟구쳐 올라오면
멀쩡한 오늘 얼굴이 흔들린다

그러나 이런 불순물이 우리 속에 있었기에
부러지지 않고 무쇠같이
지금 우리가 질퍽한 세상을
살고 있는 것일 텐데

주철 속에 기포와 불순물이 들어가야
더 단단한 무쇠가 되는 것처럼
우리를 있게 한 그 어린 날의 불순물들이여

🌿 생선 가시

푸짐하게 살 붙은
잘생긴 임연수어

푸른 바닷속
날쌔게 헤집고 다니다가
어느 날 떠억 밥상에 올랐어라

푸짐한 속살을
젓가락으로 헤집고 보니
그 살 속 이리저리
길게 박힌 가시들

아 이렇게 멀쩡하게 생기고도
흰 속살에 그 많은 가시들을
몰래 품었구나

다른 생선들은
숨길 수 없는 등뼈를
몸속 여러 곳에 품고

시침 뚝 떼며 한평생
잘 헤엄쳐 다녔구나

생선 가시 바르다 보니
내 속살 가시가 된
옛 아픈 사연들이
스물스물 일어나
내 목 깊은 곳을 찌른다

언제 그날이 오면
이 가시들 드러나고
뽑힐 날 있으려나
그러면 이 인생
잘 발라진 생선처럼
고해성사가 될까?

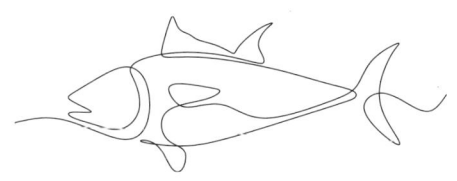

🌳 안주

술을 마실 때
안주가 없어도 그만이지만
안주 없으면
술맛이 아니 나고

술을 마실 때
대화가 빠질 수 없지만
안주 없으면
그 말에 씹는 맛 없어

세상이 힘들어서 씹고
관계가 복잡해서 씹으니
안주를 씹는 것만큼

세상이 물렁해지고
관계가 평탄해졌으면
오죽 좋으련만

그렇지 아니하더라도

오징어 씹고, 북어를 씹어서
목구멍으로 묵묵히 밀어 넣어야지

그래야 또 해가
다리 가랑이 사이로
내일 아침 떠오를테니

안주는 남정네들이
하루를 버티게 하는
싸구려 묘약이다.

🌱 새털 같은 날

우리 인생 살 날
새털보다 더 많거나
고목에 달린 나뭇잎보다
무수할 것이라 여겼는데

그 무성한 잎들
이리저리
바람결에 흩날리더니

어느덧 가지 끝에
빛바랜 잎들만 몇 장 달렸네

한기를 머금은 바람 몇 번
더 불면
이마저도 흩날리겠지

남은 몇 잎의 빈약함
여름의 무성함에 비할 수 없지만

남은 한 잎, 한 잎이
기억의 갈피 속에
깊이 파묻혀 있네

낙엽처럼 지난날들
조용히 스러져 갔지만
많지 않았던 그날들이
결국 내 인생이었네
몇 잎이 내 삶이었네
무한이 결국 유한으로 끝나네

🌿 바람 속 우리

이 땅 소풍 끝날 때
무엇을 두고 가기
제일 아쉬울까?

금빛 재물도 아니고
찬란한 영예도 아니고

그냥 맑은 하늘
신선한 공기
나뭇잎 비취는 햇살

짙은 숲의 명징한 새 울음
푸른 초장의 야생화

참, 거추장한 이 몸 버리면
바람과 함께 몰려다니며
이 모든 것 늘 볼 것인데

또 우주로 다니며 내 별도 보고

짙푸른 바닷속
형형색색 물고기도 만나고
그리고 떠났던 얼굴도 다시 보고

그때는 바람보다 자유로울걸
바람처럼 어디든지 갈걸
살랑바람처럼 혼자 오기도 하고
큰바람처럼 동무들과 같이도 오고

그래서 바람 속에 사람들의 혼이 있으리니
지금 바람을 맞으러 나가자
바람이 속삭이는 옛날을 들으러,
잊어버린 그 영혼을 만나러

🌱 강물 닮은 인생

벼랑 위에 우뚝 들어선 정자는
발밑 강물 위에 비치는 잔영이 없다면
얼마나 허허로우랴

푸른 하늘을 배경으로 날렵하게
걸린 개천 위 다리도
물이 말라버리면 얼마나 삭막하랴

세상의 모든 것은 물에 적셔져야
비로소 푸릇하고 아름다워지나니
물기 없는 인생을 다투지 말고

우리 모두 흐르는 물과 같이
쉼 없이 흐르며 뒷물에 물려주어
오늘의 강물은 어제의 강물이 아니듯이

갇힌 물이 되는 길을 쫓지 말고
늘 흐르는 물이 되어
새와 물고기를 불러 모으고

모든 것이 비치게 하는
그런 물이 되었으면

🌳 당신을 향한 악수

지금의 당신을 묻지 마라
당신이 어디에 서 있고 어디서 왔든지
당신은 필경 수 많은 기쁨과 슬픔이
교직 되어 오늘의 당신이 되었으니

오늘의 당신으로 인해 몸 숙이지 마라
당신을 향한 하늘의 뜻이 어디서 풀어질지
오르막길 오르다 하늘 쪽문이 열리는 걸 볼지
비탈길 내려가다 새 지경이 펼쳐지는 걸 볼지
하늘 이외 그 누가 알랴

과거의 당신에 아쉬워 말라
험한 세상 휘이휘이 건너온 것만도 대견한데
무엇을 못 이루었어도
세상을 끼고 더불어 살았다면
장한 당신에게 악수를 건넬 일이다.

당신의 운명과 악수를 한 후
대나무 숲 바람을 시원히 즐길 일이다

둥지에 얽힌 사연

사모곡 1

고왔던 그 얼굴에
평생 끓인 애간장이
검버섯으로 번져나가고

섬섬옥수 그 손마디가
고된 평생으로 앙상한
마른 가지가 되었고

아담하던 그 어깨선은
자식들 뒷바라지에
속절없이 흘러내렸네.

세월 따라 꿈도 바램도
하나씩 내려놓고
점점 가벼워지는 육신

그래도 자식 기다리며
삽짝 밖을 서성일 때마다
한 뼘씩 길어지던 사랑의 날개

결국 말끔히 비운 육신에
천사의 날개가 솟더니만
훠이 훠이 하늘을 오르셨네.

이제 더 이상 볼 수 없네.
그 사랑의 최강 응축체를

언제 다시 느껴 볼 수 있을까
그 무한 사랑의 손길을
영원히 다시 잡을 수 없는 마른 손

사모곡 2

어려서는 젖 먹여 키웠고
더 커서는 정성으로 키웠고
그 뒤에는 열성으로 뒷바라지
하셨지

그리고 다 커서는 간절한 기도로
늘 지켜주셨네

나는 그로 말미암아 왔고
내가 내 된 것도 그 사랑으로
인함이라

이제 그 사랑 이 땅 위에 없으니
나는 하늘 아래
늙은 고아가 되었구나

어디서 다시 맡을꼬
그 눈먼 사랑의 체취를

눈 들어 하늘 보니
구름 조각조차 없네
하늘은 그냥 청명하네

빈소 풍경

언젠가는 이 자리에 서서
하늘이 조각조각 떨어져 내리는
소리를 들을 수밖에
없으리라는 것을 알았지만

그리고 또 언젠가는 우리도
저 액자 속의 미소로만 기억
되리라는 것도 사실이지만

또 인생이 들숨과 날숨 간의
한 호흡 사이이고
산다는 게 문틈으로 달리는
말 보는 듯하다는 것도
알고 있지만

더 이상 불러도 대답할 어머니가
없다는 것은
억장과 무릎이
우루루 무너져 내리는 일이다

누구나 한번은 겪을 일인지만
있을 수 없는 슬픔이
내 안에서 몰아치는데
여전히 밖은 즐거운 듯 돌아가고

힘준 눈을 부라리거나
목젖 세워 말을 내뱉는 자들이
거리엔 넘쳐나네

낮은 조명 아래 촛불만 조용히
타고 있는 이 방은

하늘과 세상을 잇는 회전문인가
하늘과 세상을 닫는 차단문인가?

속앓이

어머니의 생명줄이
동짓날 삭풍에
휘둘리는 연실처럼
가늘어진 날

엄마의 다듬이질 소리가
내 가슴 속에 울리고
아들은 종종걸음으로
방안을 맴돈다

그 연실 끊어지는 날
나 자신도 우주 속으로
영영 미아 되어 떠내려갈 것
같은데도

연실 하나 붙잡을 수 없어
속앓이만 해대고 있다

천명으로 엮인 인연과

평생 부대끼며 쌓인 사연은
질기디질겨 끊을 수 없는데

명줄은 명주실보다 더 가늘어져
경각 중에 간당거린다

아 온몸을 짓누르는
이 기막힌 무기력감

나실 때 괴로움이
씨를 뿌려
가실 때 괴로움이
더 깊어지는 이 밤

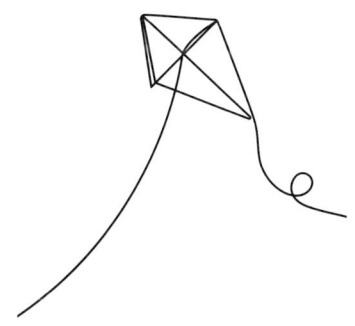

사모곡 4

내가 우주로 매개되는
딱 하나의 연결고리

그 고리가 끊어지는 날은
내가 온 곳으로 되돌아갈
사다리가 부러지는 것 같은 날

그리하여 하늘이 닫기는 듯한
아픔이 가슴을 휘뒤집는 날에

나는 아무것도 아닌 허무,
그냥 허공에 물음표로 뜨네

그로 말미암은 나의 출구가
닫히는 그날
어머니는 하늘나라 들어가는
문을 여셨네

내가 오늘 목젖을 놓지 않는 것은

그 가신 길 나도 갈 길이오
그 문을 열고 들어가면
참았던 눈물이
웃음으로 바뀔 것이기에

사모곡 5

엄니 어디 가시려구요
고운 연분홍빛
갑사 저고리 걸쳐 입고

코끝 흰 고무신에다
꽃무늬 양산 받쳐 들고 있어요
엄~니 아직 가지 말아요. 나는 또 졸리니까요

그래도 졸린 나를 들쳐업고
봄놀이 가던 우리 엄니는 참 고왔는데

엄니 지금은 어디 가세요
하늘 나라 뭉게구름 속에
벌어진 잔치 구경가고 싶다구요?

그래도 지금 내 손 놓으면 안 되요
엄니는 늘 내 손 꼭잡고 봄놀이
다녔잖아요
오늘 이 봄날

연분홍 갑사치마 바람에
펄럭이시며

혼자 두둥실 하늘로 올라가면
어떡해요
엄~니 나도 같이 가요

옛날 운동회때 손잡고
열심히 같이 뛰었잖아요
오늘 내 손 놓지 마세요

아 그러나 하늘은
어느덧 연분홍
색으로 물들고
엄니는 가고 없네요

봄날은 너무 짧고
헤어짐은 너무 갑자기
그리고 너무 길게 오고 마네요.

병실 일기

멀쩡하던 엄니가
낙상하여
고관절이 부러졌다나

높은 것들은 다 고치기가
어렵다더니 이것도
높은 곳 뼈라서
정말 힘들다 하네

높고 낮음에 차이 있어도
높아도 관절은 칼슘 덩어리일진대
칼슘과 영혼을 바꿀 수는 없는 문제라고

육시랄 고함 섞어 아무리
광케이블 넘어 외쳐 봐도
높은 관절은 그 대접을 받아야
한데나

깨어진 칼슘 덩어리 붙이려다

결국 삶의 불씨를 잠식하고
들어가는 현대 의술

화학방정식과
생명과 영혼의 방정식이
치환되는 그 병실의 날들

서서히 잦아드는 생명의 불씨
한때는 강렬했던 생명의 불길이
이제는 작은 몸 하나 못 데우고
사위어 가니

재깍재깍 초침이
내 살을 찌르며
돌고 있는

무중력 공간의 병실

화살

강하디 강한 화살도
결국 화살통 속에서 나왔고

허공을 잘 난다 하지만
엄니가 붙여준 꽁지 날개
없었으면 마구 흔들리며
날았을 것을

시위를 떠나
공중을 우쭐대며 나는
화살은 화살통 속
시절을 모른다

결국은 무명에서 나와 무명으로
가는 길인데
과녁을 명중하려 필사적으로
나는 화살

잠시 빛 속을 날았다고

대명천지인 줄 알지마는
결국 과녁 뒤에 꽂히면
또 다른 무명

무명을 두려워 말자
이별을 슬퍼하지 말자
잠시 무명이더라도
그 뒤에 더 밝은 빛 있음에

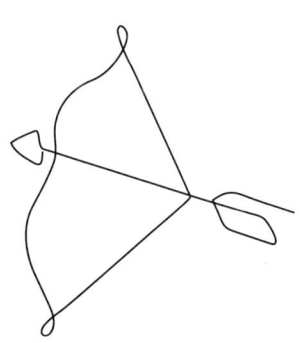

사모곡 6

사랑이란 그 이름으로
너무나 많은 감정이
흘러내리고 소진되었어도

진정 사랑을 온몸으로
구현한 것은
어머니밖에 없으니

이 땅에 그 사랑으로 인해
몸 입어 온 모든 자들에게
그 어떤 딴 사랑이 이에
비길 수 있으리요

당신의 호흡이 잦아드는 그 순간까지도
자식만 생각하고 그리워하는
그 무지몽매할 정도로 단순한
그리고 완전히 원형질적인
그 사랑에

때 묻은 이 남은 몸뚱이는
갚을 길 없는 사랑의 빚 앞에
꿇어 엎드리네

참사랑은 세상의
지식도 지혜도 그리고
그 무엇도 덮어 버리네.

이를 이제야 깨닫고는
긴 오열과 적막

전화번호

8020
평생 안온을 약속하던
비밀번호

그 번호 건너편엔
늘 따뜻함과 격려와 기대가 흘러나왔고
늘 반가운 화답이 먼저 달려 나왔지

그 번호는 왕성한 생식력을 자랑하며
이곳저곳으로 새끼를 치기 시작해
8020끼리 한 식구를 이루고
8020끼리 많은 행복과 사연을
실어 날랐네

어느 날 8020에 80만 남았네
20은 더 이상 대답을 않네
쓸쓸하기 그지없던 80이지만
그래도 거기 있다는 것만으로도
안온함의 반은 즐겨주는

비밀스런 번호였네

그러나 80마저 대답이 없고
8020은 이제 주인 없는 번호가 되었네
늘 그곳에 있을 것 같은 그 번호는
이제 응답 없는 번호가 되었네

아, 다 더하고 나면 결국 0이 되는 번호
8020은 처음부터 그럴 번호였는데도
눌러서 받는 이 없으니
눈물이 앞을 가리네

이제 하늘로만 걸어야 하는 8020

이별

창세 전에 예정된 것이고
이생에서도 수없이 예고된 바 있고
잇단 많은 전조로 인해
마음이 무디어졌다지만

가느다란 실 끝에 매달린 무거운 추가
마음 판 한가운데 쿵 하고 떨어지듯이
내 육친의 몸에 마지막이 찾아왔을 때

중환자실의 납덩이같이 차가운 정적의
무게를 들썩일 만큼의 강도로
회한과 사랑의 울음이 북받쳐 올라왔다

들숨과 날숨 한 호흡 간에
생명이 존재한다는 존재의 가벼움을
뚜---하는 기계음이 공습 사이렌처럼
내 뇌리를 때리며 알리네

존재는 가볍지만 인생은 결코 가볍지 않다고

온갖 풍상과 모진 고생을 작은 육신으로
다 받아내며
평생 노심초사하던 인생

이 땅의 모든 것과 이별하고
영원한 정지모드에 들었네
뚜-----뚝

🌸 주인 떠난 집

주인이 집을 비우고 난 뒤에도
베란다 색색의 화분들과
거실의 묵갈색 가구들과
부엌의 뼈 빛 접시와 그릇들도
의뭉하고 태연하게 자리를 지키고 있다

아니 자세히 보니
주인의 기척 끊어짐이 오래된 것을
눈치챈 이들의 한 귀퉁이가
서늘하게 잘려져 나가 있었다.

저마다 몸에 밴 주인의 시선과 손때를
드러내며 인연이 더 질김을 서로 다툰다

주인의 분신인 양 주인 없는 공간을
떡하니 버티고서 낯선 이들을
어색하게 맞는다

이들은 기특하게도

아연 주인을 닮아있고
옛 시간을 되돌리려 하여
보는 이들의
누선을 언뜻 자극한다.

슬프게도 이들도 주인처럼 언젠가는
묻히거나 잊혀져야 한다.
제아무리 질긴 인연을 주장하더라도

그래서 30년 이상을 손목에 붙어 다녔던
롤렉스 시계는 입을 손으로 막고
초침을 숨죽여 돌리고 있다

특별권력관계

많고 많은 관계 중에
이름이 무척 근사해 보이는 관계
그러나 알고 보면 별나게
불평등한 관계

이 특별한 관계 속일지언정

추상적인 법개념이
악다구니로
이빨을 드러내도
혈육의 인연은 질겨 끊을 수 없으며

높은 곳에서 떨어진 날 선 말, 이설들이라도
천륜 위에 뿌리 한 우리네의 소박한 믿음을
송두리째 앗아가지는 못하리

스산한 바람 속 섣달그믐날에
소리. 소문도 없이 하나, 둘 이름들은
어디론가 끌려갔다.

나라는 하나인데 애국은
참 여러 가지 모습이다.
애국은 가면을 쓰고 나타난다.

이 애국 저 애국 다 말아 드시다가는
이 나라 취해 비틀거리겠네

엄마 생각 1

세상 처음 입을 떼며
배운 첫 마디
엄~마
뜻 모른 그 첫 옹알이가
우리 모든 존재의 시작이자
우리 모든 그리움의
마지막 종착점이라네

잘났든 못났든
자기 작은 몸집
열 배 이상으로
자식에게만은 꼭
베풀어 주려 했던
그 끝없는 모정

모든 자식들 가슴에
엄~마라는 눈물 꼭지를
붙이고 다니게 한 그 사랑
그 꼭지를 건드리면

그리움이라는 눈물이
마냥 샘 솟는다

엄마 생각 2

엄마는 엄청난 사랑의 열로
우리의 가슴 속에
하트 모양의 인두 자국을
누릇누릇하게 남겼다
한번 찍히면
영원히 지워지지 않는
그 인두 자국의 누릇한
냄새를 맡으면

아련하고 따스한
옛 추억과 엄마 얼굴이
달처럼 떠오른다

작고 가냘파 보여도
자식을 덮는 그 날개깃은
어느 새의 날개보다 더 커서

그 어느 위대한 용사도
그 깃 품에 묻혀

늘 자라났고

그 깃의 따뜻함을
모두가 죽어가면서도 못 잊네
숨 거둘 때 부르는 그 이름 엄마

젊은 초상

심연 속에서 조용히
그리움과 함께 솟아오르는
그 얼굴들

세월 속에 모든 것이 빛 바래가도
눈부신 청춘의 화첩에
꽂혀 있던 그 기억 속 얼굴들은
어제처럼 화색이 돈다

언제 그 세월이 흘러갔는지
화첩 밖에서는 흰 서리가
내린 모습들이지만

화첩 속에서는 생기발랄한
청년들이 웃고 있다

세월이 육신에는 발자국 남겼지만
우리 마음에는 어느 한 곳
주름 남길 수 없었는데

그래도 한때의 젊음은
되돌릴 수 없는 눈부심만
화첩에 뿌리고 있다

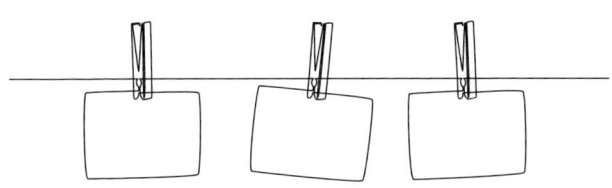

두 아들

너희 둘이 돌아왔다
긴 세월이 흘러
이제 두 남자로

각자 너희 세계를
어른의 말로 풀어낸다
세상이 손바닥만 한 듯이

대견하다 해야 하나
어깨 벌어진 두 남자가
나를 공경하는 듯 보이니

발칙하다 해야 하나
그 키가 비슷하듯이
한 치도 지지 않으려는 입심이

그러나 너희 어깨 뒤로
어린 네 살과 두 살이 보인다
문 앞으로 달려 나오던
그 해맑던 얼굴들이

그래 세상에서 남자지만
내게는 영원히 지켜줘야 할
나의 두 아들이다
아직도 속은 여린

굽이진 세월 따라

초판 1쇄 인쇄 2024년 09월 11일
초판 1쇄 발행 2024년 09월 25일

지은이 이백순
펴낸이 김지홍
디자인 최이서

펴낸곳 도서출판 북트리
주소 서울시 금천구 서부샛길 606 30층
등록 2016년 10월 24일 제2016-000071호
전화 0505-300-3158
팩스 0303-3445-3158
이메일 booktree11@naver.com
홈페이지 www.booktree11.co.kr

값 13,000원
ISBN 979-11-6467-165-6 (03810)

- 이 책은 저작권에 등록된 도서로 저작권법에 따라 무단전재 및 복제와 인용을 금지합니다.
- 이 책 내용의 전부 및 일부를 이용하려면 저작권자와 도서출판 북트리의 서면동의를 받아야 합니다.
- 잘못된 책은 구입하신 서점에서 바꾸어 드립니다.